Dr. Uwe Malinowski

Agile Essentials
Was jeder über agiles Arbeiten wissen sollte

Dr. Uwe Malinowski ist Trainer, Berater und Coach mit dem Schwerpunkt agiles Arbeiten und Führen. Als Leiter eines Entwicklungszentrums in Kanada kam er 2001 erstmals mit agilen Methoden in Kontakt. 2005 führte er als Entwicklungsleiter in einem großen Konzern erstmals SCRUM als Framework in der Produktentwicklung ein. Seitdem begleitet ihn das Thema, zunächst noch in der Führungsverantwortung, seit 2010 unterstützt er mittelständische Unternehmen, Konzerne und Forschungsinstitute auf dem Weg zu mehr Agilität.

www.malinowski-coaching.de

Dr. Uwe Malinowski

AGILE ESSENTIALS

WAS JEDER ÜBER AGILES ARBEITEN WISSEN SOLLTE

Impressum

Bibliografische Information der Deutschen Nationalbibliothek:
Die Deutsche Nationalbibliothek verzeichnet diese Publikation in der Deutschen Nationalbibliografie; detaillierte bibliografische Daten sind im Internet
über http://dnb.dnb.de abrufbar.

© 2019 Dr. Uwe Malinowski

Herstellung und Verlag: BoD – Books on Demand, Norderstedt

ISBN: 978-3-7504-1719-9

Inhaltsverzeichnis

I

0.   Vorwort

Vor ein paar Jahren fragte mich ein Kollege, der sich mit dem Thema Agilität bis zu dem Zeitpunkt noch gar nicht befasst hatte, ob dies der nächste Hype sei und genauso verschwinden werde, wie so viele davor.

Meine Antwort damals wie heute ist ein klares „nein". Es kann sein, dass der Begriff verschwindet, es ist ziemlich sicher, dass sich Methoden und Tools verändern werden. Was aber bleiben wird ist die Essenz von „agile" – und das ist die Haltung. Mitarbeiter, Teams, Unternehmen, die diese Haltung einmal wirklich erlebt haben, werden nichts anderes mehr akzeptieren.

Aber warum nun dieses Buch?

In vielen Unternehmen gibt es Mythen, was Agilität kann und ist, und es gibt die unterschiedlichsten Begriffsverwirrungen. Gleichzeitig kommt kaum jemand in der Arbeitswelt daran vorbei. Manchmal verlangt die Unternehmensführung „Agilität für mehr Wettbewerbsfähigkeit", Mitarbeiter erwarten sich mehr Freiräume und Entscheidungskompetenz, Kunden und Partner konfrontieren mit der anderen Zusammenarbeitsweise.

In diesem Buch habe ich die Grundkenntnisse zusammengefasst, die jeden in die Lage versetzen sollen, die Einsetzbarkeit im eigenen Umfeld und die Anforderungen von anderen einzuschätzen.

Das Buch hat nicht den Anspruch, den Leser in die Lage zu versetzen, die Transformation einer klassischen in eine agile Organisation zu gestalten. Jedoch soll es Teams auf dem Weg zu mehr Agilität als Nachschlagewerk dienen.

1. Einführung und Geschichte

Der Begriff *Agile* ist heute das heiße Thema in praktisch allen größeren Organisationen. Allerdings ist das Verständnis, was damit gemeint ist, sehr unterschiedlich. In vielen Fällen hat es mit der grundlegenden Idee auch nicht mehr viel zu tun. Die umgekehrte Variante gibt es natürlich auch: Unternehmen oder Teams, die sehr *agil* sind, nennen es anders, weil der Begriff dort bereits „verbrannt" ist.

In diesem Dokument werde ich die Begriffe auf ihren Ursprung zurückführen und ein kurzes und übersichtliches Handbuch der wichtigsten Prinzipien und Methoden zur Verfügung stellen. Damit verbunden ist die Hoffnung, mit diesen „*Essentials*" Teams und Unternehmen die Kommunikation über das Thema und ggf. die Einführung zu vereinfachen.

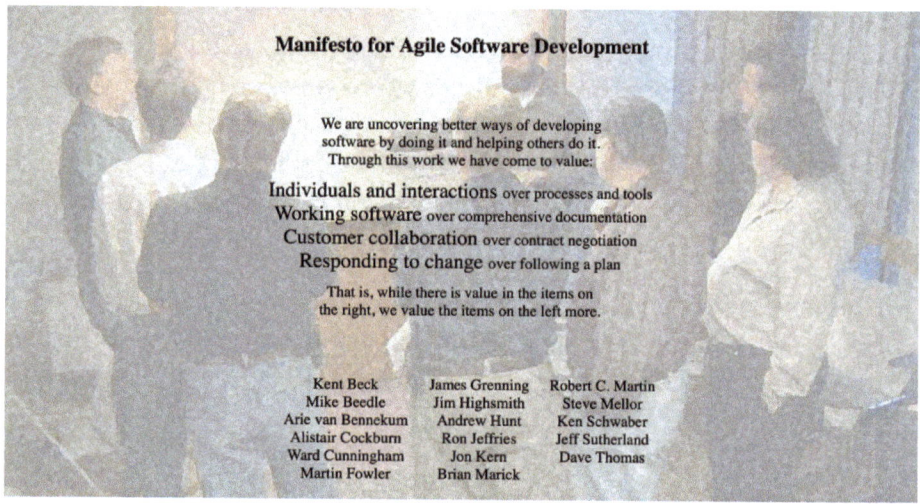

Abbildung 1: Das Agile Manifest //1//

Der Begriff *agile*, so wie er heute im Unternehmenskontext verwendet wird, geht auf das „Agile Manifest" zurück. Im Jahr 2001 trafen sich erfahrene Software-Entwickler und Projektleiter, um zu diskutieren, was sich ändern müsste, damit Projekte erfolgreicher abgewickelt werden könnten. Erfolg wurde definiert als besseres Erfüllen der Kundenbedürfnisse, im Zeitplan und mit vertretbaren und vorhersehbaren Kosten.

Neben dem „Agilen Manifest" sind die – wesentlich älteren – *Lean Principles* (siehe //2//) ein Grundelement, das dem heutigen agilen Arbeiten zu Grunde liegt. Diese wurden in den 60'er Jahren bei Toyota entwickelt, um die Produktion möglichst effizient zu gestalten. Daher gibt es hier einen Fokus auf die Vermeidung von „Waste" (Abfall, Verschwendung, Behinderung, Wartezeiten).

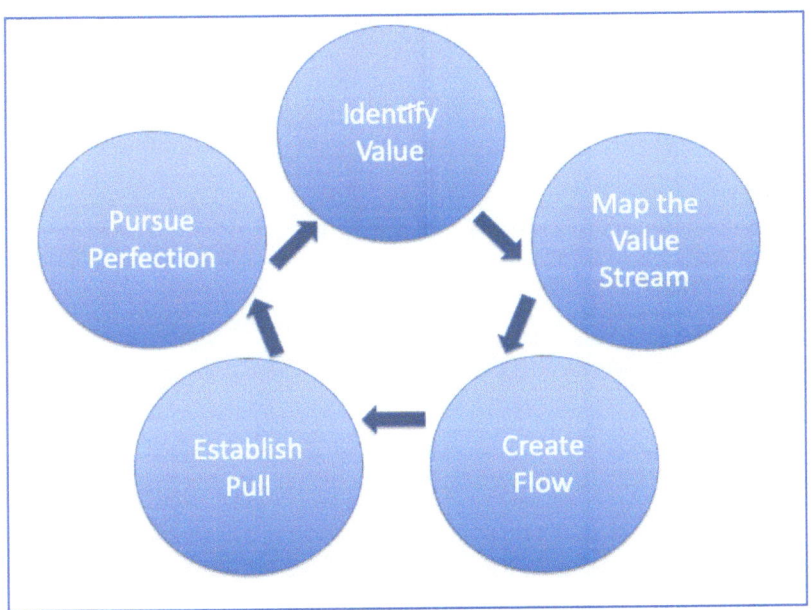

Abbildung 2: Lean Principles

Mit den Lean Principles aus der Produktion und dem Agilen Manifest aus der Software-Entwicklung gibt es zwei sehr unterschiedliche Quellen für das, was heute agile Unternehmensführung ausmacht. An manchen Stellen sieht man die Herkunft noch an den verwendeten Begriffen, insbesondere in den einzelnen agilen Methoden. Wenn man sich mit der notwendigen agilen Haltung beschäftigt, wird sichtbar, wie sich die beiden Ansätze sinnvoll ergänzen.

Im Kapitel 2 erläutere ich die Agile Haltung, die sich aus der Kombination von *Agile* und *Lean* entwickelt hat. In Kapitel 3 beschreibe ich die „Agilen Prinzipien", die es ermöglichen, die Haltung in Handlung zu übersetzen. Kapitel 4 ist dann konkreten agilen Methoden und Frameworks gewidmet, welche die agile Haltung mit Leben füllen und die Prinzipien anwenden.

2.   Agile Haltung – die Grundlage

Oftmals wird *Agile* mit der Verwendung von bestimmten Methoden verbunden. Oder Agilität wird mit der strikten Einhaltung der Prinzipien des Agilen Manifests und der Lean Prinzipien gleichgesetzt. In meiner Arbeit mit agilen Organisationen hat sich jedoch gezeigt, dass die *Agile Haltung* jedes Einzelnen die Grundlage ist, ohne die weder die Prinzipien angewendet noch die Methoden nutzbringend eingesetzt werden können.

So ist es durchaus möglich, „agile" Methoden einzusetzen, ohne dabei wirklich agil zu sein. Andererseits gibt es Teams, die in einem sehr klassischen Projekt-Setup und Umfeld sehr agil agiert haben.

Die wichtigsten Aspekte der *Agilen Haltung* sind Fokus auf den Kundennutzen, Offenheit für experimentelles Vorgehen, Vertrauen und ein Menschenbild, das auf „Augenhöhe" als Grundstein hat und darauf aufbaut, dass jeder einen sinnvollen Beitrag leisten will.

Kundennutzen

In agilen Organisationen ist das Handeln jedes Einzelnen darauf ausgerichtet, den Kundennutzen zu maximieren – und damit auch den Wert der Handlungen für die eigene Organisation.

An dieser Stelle reagieren viele Führungskräfte mit verständigem Kopfnicken und dem Claim „das versteht sich ja von selbst, das haben wir schon immer so gemacht". Hier geht es jedoch nicht um ein pauschales „der Kunde ist König", sondern um eine radikale Orientierung am Kundennutzen – in jeder Handlung. Daher lohnt es sich in den meisten Fällen, das Selbstbild gründlich zu hinterfragen:

Verkauft / entwickelt / produziert das Unternehmen das, was den größtmöglichen Kundennutzen bietet – oder wird das gemacht, was technisch machbar ist, in den vorgegebenen Zeitplan und das geplante Budget passt oder was die Konkurrenz macht?

Tragen alle Prozesse dazu bei, Mehrwert für den Kunden zu generieren – oder haben sich Rollen, Funktionen und Prozesse eingeschlichen, von denen keiner mehr hinterfragt, ob sie wirklich gebraucht werden, denn sie waren ja immer da?

Wird die Organisation und damit die Zusammenarbeit von außen nach innen gedacht, also in Allem ausgerichtet an den Kunden und ihren Bedürfnissen – oder gibt es eine hierarchische Organisation, in der sichergestellt ist, dass es eine Funktion für jeden Manager gibt?

Experimentelles Vorgehen

Vielfach wird unsere heutige Welt als VUKA-Welt bezeichnet, also eine Umgebung, die sich durch **V**olatilität, **U**nsicherheit, **K**omplexität und **A**mbiguität auszeichnet.

Volatilität bedeutet, dass es immer wieder Schwankungen und Ausschläge gibt, die nicht vorhergesagt und oftmals sogar im Nachhinein nicht erklärt werden können. Die Börse ist dafür ein typisches Beispiel.

Unsicherheit erleben heute viel Branchen, aktuell sind zum Beispiel die Automobilhersteller äußerst unsicher, wie ihr Geschäftsmodell in wenigen Jahren aussehen könnte:

- Werden sie noch Autos verkaufen?
- Mit Verbrennungsmotoren oder Elektromotoren und Batterien oder mit Brennstoffzellen?
- Was machen Google, Tesla oder die chinesischen Konkurrenten?

Komplexität erleben wir in Situationen, in denen die Anforderungen von Kunden nur teilweise bekannt sind oder sich immer wieder ändern; wenn Kunden selbst nicht wissen, was sie brauchen; wenn sich Technologien so schnell weiterentwickeln, dass zwischen Projektbeginn und –ende mehrere Technologiesprünge liegen.

Ambiguität bezeichnet Situationen, in denen „sowohl-als-auch" ein typisches Muster ist, in der scheinbar unvereinbare Gegensätze gleichzeitig richtig sind. So erscheint es vielen Organisationen ein Dilemma, dass Führung und Selbstorganisation gleichzeitig notwendig sind; dass auf der einen Seite Struktur, auf der anderen Seite Regelbrüche und Unsicherheit notwendig sind, um den Raum für Innovationen zu schaffen.

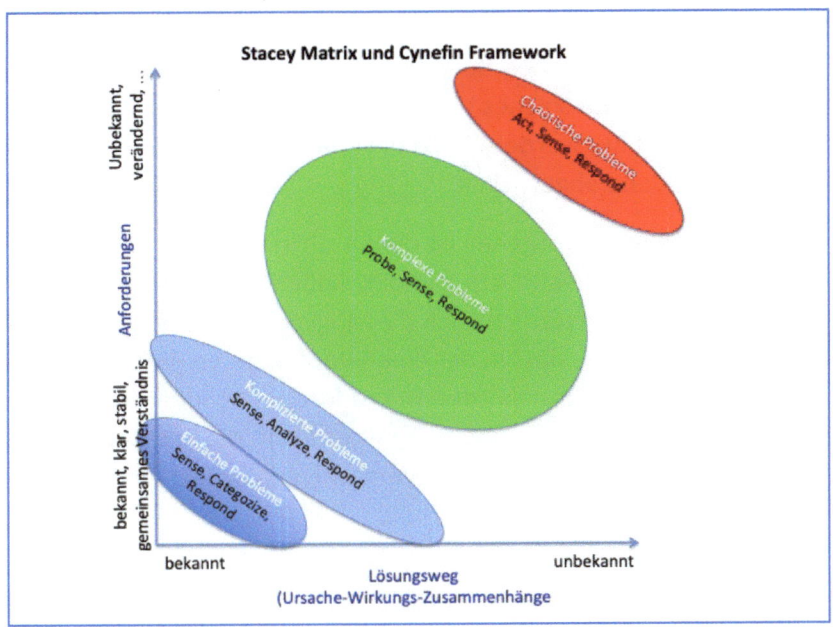

Abbildung 3: Stacey Matrix und Cynefin Framework (//3// und //4//)

In dieser VUKA- oder komplexen Welt ist ein iteratives, experimentelles und auf Lernen ausgerichtetes Vorgehen das geeignete Modell. Lineare Vorgehensmodelle, die auf der Annahme beruhen, dass man durch Nachdenken und Analysieren eine Problemlösung erarbeiten kann, sind für einfache und komplizierte Problemstellungen geeignet (siehe Abbildung 3).

Wodurch zeichnet aber ein iterativ-inkrementelles Vorgehen mit experimentellem Mindset aus? Wie unterscheidet es sich von dem was wir heute typischerweise in Organisationen beobachten können?

In vielen Organisationen ist ein „pseudo-iteratives" Vorgehen, das treffender als stufenweises Vorgehensmodell bezeichnet werden kann, gut etabliert. Vereinfacht ausgedrückt wird in diesem Vorgehen die Entwicklung in den „Iterationen" (oder Stufen) Spezifikation, Machbarkeitsstudie, Prototyp-1, Prototyp-2, Alpha-Muster, Beta-Muster und serienreifes Produkt geplant und abgewickelt. Ein solches Vorgehen kann auch als Wasserfall-Vorgehensmodell bezeichnet werden, denn die Phasen werden geplant und auf einander aufbauend abgewickelt.

In einem experimentellen Vorgehen ist die Anzahl der Iterationen, bis ein verkaufbares Produkt vorliegt, nicht planbar. Außerdem ist mit dem Gedanken des Experiments natürlich auch die Möglichkeit des Scheiterns verbunden. D.h., es kann sein, dass in der einen oder anderen Iteration kein Ergebnis erzielt wird, welches als oder im Produkt verwendbar ist. Jedoch ist auch in diesem Fall ein wichtiges Ergebnis erreicht: die Erkenntnis (das Lernen), dass es auf dem experimentell versuchten Weg nicht geht!

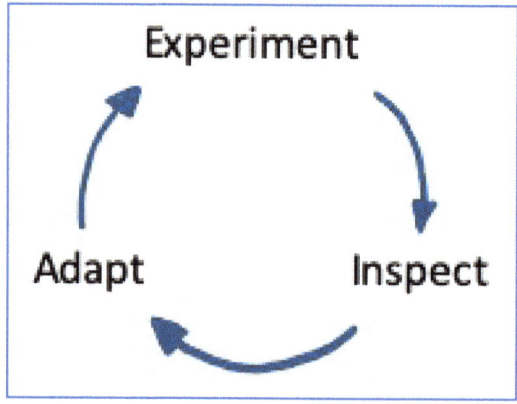

Abbildung 4: Das Grundprinzip experimentellen Handelns

Das hört sich einfach und logisch an, ist aber in den heutigen Organisationen nicht einfach umzusetzen. Auf der einen Seite steht dies in krassem Widerspruch zu den klassischen Sichtweisen und Erfolgskriterien der Unternehmen. Gleichzeitig ist es auch für jeden Einzelnen nicht einfach, ein erzieltes Ergebnis und erbrachten Aufwand „wegzuwerfen". Mit jeder Investition von Energie in ein Ergebnis entsteht Anhaftung und die Schwierigkeit dieses loszulassen und zu verwerfen.

Ein weiterer wichtiger Aspekt: Experimentieren ist etwas anderes, als Trial-and-Error. Ein solches Vorgehen mag in chaotischen Umgebungen, bei denen auch aus Experimenten keine Rückschlüsse auf die Zukunft geschlossen werden können, der einzige Weg sein. In komplexen Situationen geht es jedoch darum, die Anforderungen und Bedürfnisse der Kunden durch Experimente zu erforschen und daraus zu lernen. Das bedeutet auch, dass der Auswahl der Experimente und dem Lernen aus den Ergebnissen eine große Bedeutung zukommt.

Dennoch gibt es zu einem Ausprobieren und experimentellen Vorgehen bei komplexen Problemstellungen und in einer VUKA-Welt keine Alternative.

Vertrauen

Wenn die Organisation am Kundennutzen ausgerichtet ist und die Teams im experimentellen Mindset agieren, braucht es ein großes gegenseitiges Vertrauen.

Natürlich ist Vertrauen die Basis jeder Zusammenarbeit. Jedoch muss in einer agilen Organisation noch ein ganz anderes Level erreicht werden, als in einer klassischen. Es ist unbedingt notwendig, dass jeder Mitarbeiter eigenverantwortlich Entscheidungen treffen kann, um seine Handlungen an der aktuellen Situation und dem Kundennutzen auszurichten. Wenn hier Führungskräfte (oder andere Führungsrollen) die Entscheidungen treffen wollen, werden Prozesse viel zu langsam.

Aber neben der Delegation der Verantwortung – also dem Loslassen – braucht es auch ein Annehmen der Verantwortung. Das heißt, alle Mitarbeiter müssen ein anderes Verständnis der Rolle und Verantwortung entwickeln. Eine Voraussetzung dafür ist jedoch die Sicherheit, dass „Fehler" als Lernmöglichkeit gesehen werden. Wenn bei dem „Scheitern" eines Experiments die Suche nach einem Verantwortlichen startet und eine Bestrafung oder Konsequenzen für die Verantwortlichen zu befürchten sind, kann Eigenverantwortung nicht funktionieren.

Augenhöhe

Beziehungen und Zusammenarbeit, die auf einem tiefgreifenden Vertrauen basieren, bauen auf ein Menschenbild mit der Grundannahme, dass jeder Mensch gleich viel wert ist – und dass der Beitrag jedes einzelnen gleich wertvoll ist. Anders ausgedrückt, begegnen sich Menschen in einer agilen Organisation auf Augenhöhe.

In einer solchen Kultur werden verschiedene Sichtweisen, Erfahrungen und Haltungen als Bereicherung empfunden und alle arbeiten daran, dass sich diese gegenseitig befruchten.

Sinn

Weiterhin liegt dem Menschenbild die Annahme zu Grunde, dass Menschen motiviert sind, einen Beitrag zu leisten, wenn sie einen Sinn darin erkennen.

Daraus ergibt sich, dass der Sinn oder „Purpose" kommuniziert und von jedem Mitarbeiter verstanden sein muss. Damit eine agile Organisation wirklich funktionieren kann, müssen die Mitarbeiter ihren persönlichen „Purpose" im Sinn des Unternehmens wiederfinden oder mindestens einen Bezug zwischen beiden herstellen können.

3.   Agile Prinzipien
Das Wichtigste zuerst: Warum Agile?

Bevor die wichtigsten Prinzipien einer Agilen Organisation oder des Agilen Arbeitens vorgestellt werden, muss die Leitfrage „warum" betrachtet werden. Denn was *Agile* im Einzelfall bedeutet, welche Prinzipien wichtiger sind oder welche Methoden eingesetzt werden sollen, ist davon abhängig, was erreicht werden soll.

* Was ist der Sinn des *Agile*?
* Warum soll sich etwas ändern?
* Was soll anders sein als bisher?

Einige beispielhafte Antworten auf diese Fragen sind:

„Wir machen es, weil es alle machen und es modern ist"
Dies ist die mit Abstand schlechteste Antwort auf die Frage nach dem „warum". Wenn dies tatsächlich die Motivation ist, ist ein Scheitern praktisch vorprogrammiert, denn es gibt kein Zielbild, keine Vision und keine Leitplanken für den Veränderungsprozess. Daher ist jede Veränderung gleich gut – oder, wahrscheinlicher, gleich schlecht.

„Wir machen es, weil Unternehmen xyz es macht und damit erfolgreich ist. Das müssen wir ja nur kopieren"
In dieser Aussage sind 2 fundamentale Fehler enthalten: Nur, weil es für ein Unternehmen der richtige Weg ist, stimmt das noch lange nicht für ein anderes. Zweitens: es gibt kein Patentrezept. Es wird nicht zum Erfolg führen, das erfolgreiche Vorgehen eines anderen Unternehmens zu kopieren.

„Wir müssen den Kundennutzen schneller überprüfen"
In komplexen Umgebungen (siehe Abbildung 3), also wenn Anforderungen nicht stabil sind und/oder der Lösungsweg nicht vollständig verstanden ist, müssen Annahmen, Lösungsideen, usw. möglichst schnell mit dem Kunden verifiziert werden. Ein iterativ-inkrementelles Vorgehen im Sinne von

„Experiment, Inspect and Learn&Adapt" scheint in dieser Situation sinnvoll. Agiler werden scheint in der Situation ein möglicher Weg zu sein.

„Wir müssen auf Kundenanforderungen schneller reagieren"
Wenn die Kunden sich schon beschweren, dass die Umsetzung ihrer Wünsche zu lange dauert, könte die Funktionale Organisation mit ihren vielen Schnittstellen eine Ursache des Problems sein. Die Schaffung cross-funktionaler Teams mit hoher Autonomie und Entscheidungsbefugnis, also eine agilere Organisation, könnten ein erfolgversprechender Ansatz sein.

„Unsere Entscheidungen müssen schneller und transparenter werden"
Ein Aspekt agileren Arbeitens ist das Delegieren von Verantwortung „dorthin, wo die Kompetenz ist". Das reduziert Eskalations- und Genehmigungsstufen und damit Schnittstellen und Verzögerungen.

„Wir brauchen mehr Transparenz bezüglich des Arbeitsfortschritts"
In einem iterativen Arbeiten in kurzen Zyklen mit Fokus auf „Dinge abschließen, bevor etwas neues gestartet wird" gibt es eine große Klarheit, welche Arbeiten fertig sind und welche nicht. Unscharfe Aussagen wie „bald fertig", „eigentlich praktisch fertig" und die daraus resultierenden langwierigen Diskussionen gibt es bei diesem agileren Arbeiten nicht mehr.

Es gibt einige Dinge, die mit agilem Arbeiten nicht erreicht werden können:

- Die Prozesse werden nicht schneller – ein schnellerer Nutzen kann dadurch erreicht werden, dass die „richtigen" Dinge gemacht werden, nicht durch super-effiziente Prozesse.
- Die Mitarbeiter werden nicht effizienter. Agiles Arbeiten erhöht die Effektivität, da der Prozess und die Methoden dafür sorgen, dass die wichtigsten Dinge zuerst getan werden.

Prinzip 1: Experiment, Inspect and Learn/Adapt

Dieses Prinzip korrespondiert mit der experimentellen Grundhaltung und bringt diese einen Schritt näher an das tatsächliche tun. Entsprechend diesem Prinzip ist der Fokus bei allen Handlungen auf das Lernen ausgerichtet.

Es wird geleitet von der Frage: was kann ich tun, um mit möglichst wenig Aufwand in möglichst kurzer Zeit möglichst viel zu lernen? Das Lernen kann sich auf Kundenbedürfnisse, Technologie, Marktzugang oder jeden anderen Entscheidungsbereich beziehen, der für ein Unternehmen und seinen Erfolg relevant ist.

Dieses Prinzip ist nicht mit „Trial & Error" zu verwechseln, bei dem willkürlich Dinge ausprobiert werden und bei der bereits in der Formulierung der „Fehler" enthalten ist. Dieses Konzept ist agilem Denken vollkommen fremd, es geht immer um das Lernen, mit dem Ziel sich den Raum des Unbekannten zu verkleinern.

Prinzip 2: Frühes Feedback von Kunden

In einem komplexen Umfeld sind typischerweise Anforderungen nicht stabil, nicht alle bekannt oder ein gleiches Verständnis bei allen Stakeholdern ist nicht gesichert. In diesen Situationen ist es unbedingt notwendig, möglichst früh Feedback vom Kunden und ggf. weiteren Stakeholdern einzuholen.

Qualitativ hochwertiges und direkt umsetzbares Feedback kann aber nur erwartet werden, wenn es sich auf das Produkt oder Teile des Produkts bezieht. Daher ist ein iterativ-inkrementeller Ansatz sinnvoll, bei dem regelmäßig oder häufig – auf jeden Fall so früh wie möglich ein Feedback eingeholt wird. Im Idealfall kommt ein Teil der Rückmeldung aus der Beobachtung des Nutzers bei der Interaktion mit dem Produkt.

Um den Kundennutzen sicherzustellen ist es weniger hilfreich, Spezifikationen zu verschicken und zu hoffen, dass Kunden, Nutzer und Stakeholder darauf qualitativ hochwertiges Feedback geben. Eine Spezifikation ist zu weit von einem nutzbaren Produkt entfernt, als dass dies ausreichend wäre. Für manche Aspekte, wie technische Randbedingungen und sogenannte „non-functional requirements" sind Spezifikationen dennoch sinnvoll und notwendig.

Prinzip 3: Done – Dinge fertig machen, bevor etwas Neues begonnen wird

Themen, Aufgaben, Projekte abschließen, bevor etwas Neues gestartet wird – das ist aus vielen Gründen sinnvoll. Zunächst erlaubt es jedem Einzelnen, sich auf eine Sache zu konzentrieren. Das ist nachweislich effektiver. Jede Unterbrechung, jeder Wechsel der Aufmerksamkeit auf ein neues Thema kostet Zeit und Energie und sollte daher vermieden werden, soweit es geht.

Ein weiterer Nutzen ist, dass es einfacher wird, den Status von Arbeiten festzustellen: Etwas ist fertig oder es ist nicht fertig.

Das funktioniert sehr gut, ist allerdings nur dann sinnvoll, wenn die einzelnen Pakete nicht zu groß sind. Sonst ist eine binäre Aussage (fertig/nicht fertig) nicht ausreichend, um einen Eindruck vom Gesamtprojekt zu bekommen.

Prinzip 4: Selbst-organisierende cross-funktionale Teams

Selbst-Organisation heißt, dass die Teams selbst entscheiden, wie sie zusammenarbeiten wollen, welche Regeln gelten sollen, welche Methoden und welche Tools sie einsetzen wollen.

Das bedeutet umgekehrt, dass sie nicht selbst entscheiden, was das übergeordnete Ziel ist. Außerdem braucht es klare Randbedingungen, die definieren, wie viel Gestaltungsraum sie haben. Nur, wenn der Rahmen klar ist, haben das Team und jeder Einzelne die Sicherheit, die sie brauchen, um zu gestalten. Gleichzeitig ist dies notwendig, um sicherzustellen, dass die Teams in die gleiche und die richtige Richtung laufen.

Wenn die Randbedingungen stimmen, führt diese Art von Selbst-Organisation zu Kreativität und Geschwindigkeit in der Umsetzung. Die Teams sind frei darin, ihre Methoden und Verfahren selbständig zu optimieren. Die Freiräume schaffen auch freien Raum für innovatives Denken und gemeinsame Kreativität.

Prinzip 5: Entscheidungen dort treffen, wo das Wissen ist

Delegieren von Verantwortung ist notwendig und sinnvoll, um Geschwindigkeit, Kreativität und gute Entscheidungen zu erreichen. Denn die Führungskräfte sind typischerweise nicht die besten Experten für alle Themen, für die sie verantwortlich sind.

Die Geschwindigkeit entsteht z.B. dadurch, dass notwendige Entscheidungen direkt getroffen werden – anstatt mit viel Aufwand eine „Entscheidungsvorlage" zu erstellen, in der versucht wird, einem nicht-Experte genug Informationen zu geben, dass er oder sie die richtige Entscheidung trifft – also die, die der Experte auch gleich hätte treffen können.

Das bedeutet nicht, dass es keine Grenzen gibt, an die sich die Experten halten müssen. Es gibt Entscheidungen, die den vorgegebenen Rahmen sprengen, das Ziel verändern, ... Diese brauchen natürlich eine Entscheidung der Geschäftsverantwortlichen.

Um so wichtiger ist es, eine gute Delegation von Entscheidungsbefugnissen zu haben. Also eine Übergabe von Verantwortung, die auch angenommen werden kann.

Eine wichtige Voraussetzung dafür ist ein grundlegendes Vertrauen, dass die Menschen – in dem Fall die, denen Verantwortung delegiert wurde – immer so gut wie sie können beitragen werden. Das ein sehr positives

Menschenbild, dass heute nicht sehr verbreitet ist. Eine Ursache dafür ist, dass viele andere Erfahrungen gemacht haben: dass Menschen von der Umgebung oder dem Umfeld so beeinflusst sind, dass sie keine Motivation haben, das Bestmögliche beizutragen. Es zeigt sich jedoch, dass eine Änderung des Umfelds und ein deutlich gezeigtes Vertrauen in den Einzelnen auch die entsprechende Reaktion erzeugt.

Eine weitere Voraussetzung ist, dass man in der Lage ist, die von anderen erzielten Ergebnissen zu akzeptieren, auch wenn sie anders sind, als man es selbst gemacht hätte.

Schließlich müssen die Bedingungen gegeben sein, damit jemand die Verantwortung annehmen kann. Die Verantwortung muss zu den Fähigkeiten passen und die notwendigen Mittel müssen zur Verfügung stehen.

Prinzip 6: Kommunikation und Visualisierung

Um die Prinzipien der Delegation von Verantwortung sowie der Selbstorganisation in Teams umzusetzen, ist es unabdingbar, dass jeder alle Informationen zur Verfügung hat. Und das bedeutet nicht, dass alle genau die Informationen bekommen, die sie brauchen. Es ist nämlich nicht vorhersehbar, wer wann welche Informationen brauchen wird. Wenn dies jemand entscheiden sollte, müsste diese Person mindestens so viel wissen, wie alle Teams zusammen.

Angemessene Visualisierung der Informationen erhöht die Wahrscheinlichkeit, dass diese aufgenommen werden können. Wenn sie permanent sichtbar sind, wirken sie außerdem auf das Unbewusste. Das bedeutet, sie leiten oder steuern unser Verhalten und das Verhalten des Teams.

4.   Agile Methoden

Einführung

In diesem Abschnitt wird mit SCRUM das wichtigste agile Framework vor-gestellt. Darüber hinaus werden die am häufigsten eingesetzten agilen Methoden, die sowohl innerhalb als außerhalb des SCRUM-Frameworks verwendet werden können, eingeführt.

Zu jeder dieser Methoden gibt es ausführliche Literatur und Beschreibun-gen. Hier werden Sie nur soweit vorgestellt, wie es notwendig ist, um be-urteilen zu können, ob sie die jeweilige Methode im eigenen Kontext sinn-voll eingesetzt werden kann.

SCRUM Framework

Dieses Framework (siehe z.B. //5//) ist ursprünglich für die Software-Ent-wicklung entstanden. Heute ist es jedoch in vielen verschiedenen Kontex-ten im Einsatz, von der Produktentwicklung über den Service bis hin zu Management-Teams, die sich mit SCRUM organisieren.

Ablauf

Die grundlegenden Prinzipien von SCRUM heißen iterativ-inkrementell und „time-boxed".

Dabei bedeutet iterativ-inkrementell, dass ein Ergebnis in vielen kurzen Zyklen, die hier Sprint genannt werden, schrittweise entsteht.

„Time-boxed" bedeutet, dass per Definition die Arbeit beendet wird, wenn die Zeit - in diesem Fall der Sprint - abgelaufen ist. Das Gegenmodell dazu ist „content-driven", also ein Konzept, bei dem das inhaltliche Abschließen den Prozess steuert.

Ausgehend von Anforderungen, die in einem sogenannten Backlog be-schrieben sind, wird eine Planung für jeweils eine Iteration (=Sprint) durchgeführt. Typischerweise dauert ein Sprint 2-4 Wochen. Am Ende jedes Sprints gibt es ein Sprintergebnis, das so genannte *Potentially Shippable Increment*.

Dieser Begriff bedeutet nicht, dass das Endprodukt jedes Sprints zum Kunden geliefert werden soll, vielmehr drückt es einen Qualitätsanspruch aus. Jedes Thema, das für einen Sprint geplant wird, wird soweit fertig gestellt, dass es in sich abgeschlossen ist.

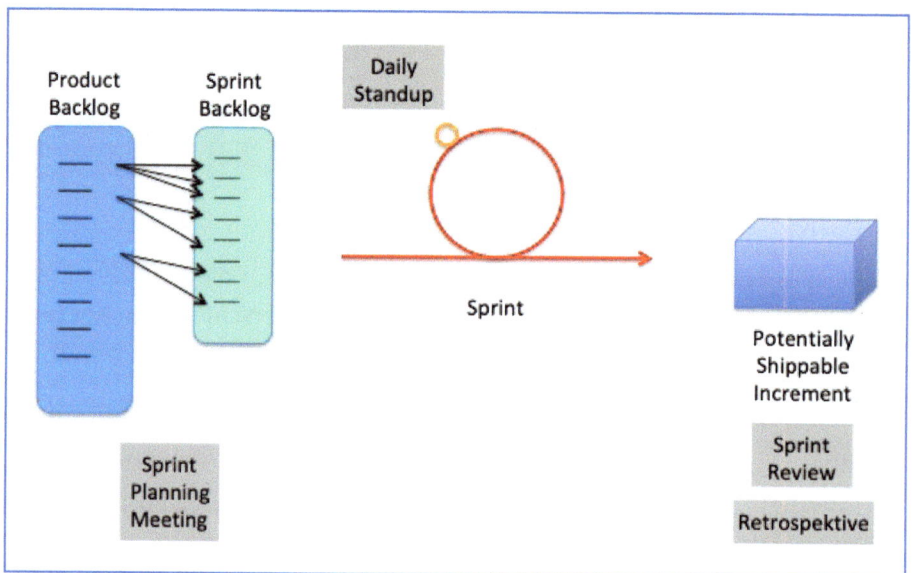

Abbildung 5: Der SCRUM-Ablauf im Überblick

Rollen

Product Owner

Der Product Owner (P.O.) ist verantwortlich für das Product Backlog. Damit steuert der P.O., woran das Team arbeitet. So werden zum Beispiel in der Produktentwicklung die Anforderungen als User Stories im Backlog abgelegt und priorisiert.

SCRUM Master

Der SCRUM Master (S.M.) unterstützt das Team bei der Einhaltung des Entwicklungsprozesses. Typischerweise wird der S.M. zu den verschiedenen Meetings einladen. Gleichzeitig sorgt der S.M. auch dafür, dass der Prozess nicht von außen gestört wird.

Team

Das Team ist für die Durchführung der Aufgaben veranwortlich, also im weitesten Sinne dafür, dass die Aufgaben durchgeführt werden und für das „wie".

So werden z.B. in einer Produktentwicklung die Produktanforderungen aus dem Product Backlog durch das Team in auszuführende Aufgaben zerlegt. Diese werden dann im Sprint der Reihe nach ausgeführt.

Agile Coach

In manchen Organisationen gibt es noch die Rolle des Agile Coach. Meistens wird dieser Coach sowohl bei der Anwendung der Methoden als auch bei Teamprozessen unterstützen.

Insbesondere bei der Einführung von SCRUM haben sich erfahrene Agile Coaches sehr bewährt.

Meetings

Sprint Planning Meeting

Im Sprint Planning Meeting wird die Detailplanung für den nächsten Sprint durchgeführt. Die Hauptaufgabe hat das Team, welches die Aufgaben während des Sprints auch ausführen wird. Der S.M. moderiert typischerweise das Meeting. Der P.O. wird gebraucht, um Fragen beantworten und Details klären zu können.

In dem Meeting werden die Elemente des Product Backlog in Tasks zerlegt, die den Sprint Backlog füllen. Während es, wie der Name sagt, einen

Product Backlog pro Produkt (oder Arbeitsbereich, ...) gibt, hat jedes Team einen eigenen Sprint Backlog.

Wenn es notwendig ist, den Aufwand für die Arbeitspakete oder Aufgaben im Sprint Backlog zu schätzen, wird dies ebenfalls im Sprint Planning Meeting durchgeführt.

Daily Standup

Während des Sprints gibt es ein tägliches Meeting des Teams. Es dient dem Austausch über den Status und zur Identifikation von Problemen, die die Team Mitglieder nicht allein lösen können.

Das Daily Standup Meeting ist daher weder ein Controlling noch ein Reporting Tool, noch dient es zur Lösung von Problemen.

Daher wird es auch sehr strikt moderiert. Der Rahmen ist sehr genau definiert:

- Das Meeting findet täglich statt.
- Es wird im Stehen durchgeführt.
- Manager und andere nicht-Team-Mitglieder sind nicht erlaubt.
- Die maximale Dauer ist 15 Minuten.
- Jeder beantwortet die 3 Standard-Fragen:
  - Was hast Du gestern gemacht?
  - Was wirst Du heute tun?
  - Welche Probleme hast Du?

Sprint Review Meeting

Am Ende jedes Sprints wird ein Sprint Review Meeting durchgeführt. An dem Meeting nehmen die folgenden Rollen teil:

- Das Team präsentiert das Sprint-Ergebnis.
- Der Kunde testet das Sprint-Ergebnis.
- Wenn kein Kunde anwesend ist, übernimmt der P.O. diese Aufgabe. In jedem Fall entscheidet der P.O., welche Anforderungen erledigt sind und aus dem Product Backlog nach „Done" gesetzt werden können.
- Der S.M. moderiert das Meeting.

Retrospektive

Wie das Review Meeting, findet auch die Retrospektive nach jedem Sprint statt. Der Fokus wird in diesem Meeting jedoch auf die Zusammenarbeit, die Kommunikation sowie die Arbeitsweise und Prozesse gelegt.

Es steht also das „wie" im Fokus, nicht das „was".

Teilnehmer sind:
- Der S.M. lädt ein und moderiert
- Das Team
- Auf Wunsch des Teams können auch der P.O. oder Management-Rollen an einer Retrospektive beteiligt werden.
- Eine Retrospektive besteht aus den folgenden Phasen:
  - Begrüßung / Ankommen
  - Sammeln und Priorisieren von Fakten, Meinungen, Sichtweisen aus dem letzten Sprint.
  - Analysieren der Ursachen
  - Entwickeln von Maßnahmen
  - Auswählen der wichtigsten Maßnahme(n)
  - Abschluss und Feedback

Backlog Refinement (Meeting)

Das Backlog Refinement ist ein fortlaufender Prozess der Arbeit am Product Backlog. Die Elemente des Backlog müssen, wenn Sie in der Priorität „nach oben" wandern, verfeinert werden – also mit mehr Details hinterlegt werden oder in kleinere Elemente zerlegt werden, wenn sie zu groß sind. Außerdem muss ihre relative Größe geschätzt werden, Zusammenhänge oder Abhängigkeiten zwischen den Elementen identifiziert und möglichst aufgelöst werden. Neue Elemente werden eingeordnet und obsolete gestrichen.

Manchmal gibt es auch pro Sprint ein Meeting zum Backlog Refinement, obwohl es sich eigentlich um einen kontinuierlichen Prozess handelt.

Artefakte

Product Backlog

Im Product Backlog werden die Anforderungen gesammelt und priorisiert – oder, in „SCRUM-Deutsch" *ge-ranked*. Die Elemente im Backlog werden nämlich in eine Reihenfolge gebracht, so dass der P.O. als Verantwortlicher für den Backlog sehr genau steuern kann und muss, in welcher Reihenfolge die Anforderungen bearbeitet werden.

Typischerweise stehen im Backlog sogenannte User Stories, also Anforderungen aus Sicht des Anwenders. Es können aber auch größere Themengebiete (Epics) oder klassische Requirements sein. In unterschiedlichen Ausprägungen von SCRUM für verschiedene Einsatzbereiche sind die Elemente daran angepasst und daher verschieden.

Sprint Backlog

Im Sprint Backlog stehen die Aufgaben, Tasks oder Arbeitspakete, die tatsächlich vom Team umgesetzt werden sollen. Die Aufgaben werden direkt aus den Elementen des Product Backlog abgeleitet. Es sind genau die Schritte, die notwendig sind, um die Elemente des Product Backlog zu realisieren.

Diese Aufgaben sind sehr kleine Schritte, bei einem 2-Wochen-Sprint nicht größer als 2 Personen-Tage Aufwand. Dies ist unbedingt notwendig, um sicherzustellen, dass eine binäre Aussage zur Fertigstellung (ja/nein) ausreichend ist. Denn damit wird in SCRUM der Fortschritt gemessen.

Potentially Shippable Increment

Das Ergebnis jedes Sprints wird Potentially Shippable Increment genannt. Es beinhaltet eine Realisierung der Elemente aus dem Product Backlog, die sich das Team für einen Sprint vorgenommen (und auch geschafft) hat.

Dieses Increment wird dem Kunden oder dem P.O. als Stellvertreter des Kundens/Marktes demonstriert bzw. von diesen ausprobiert. Das Ergebnis dieses Tests ist die Liste der Backlog-Elemente, die auf „Done" gesetzt werden können.

Backlog und Task Board

Wozu?

Das Backlog ist ein gutes Instrument, um die Aufgaben, die in einem Team zu bearbeiten sind, aufzusammeln, zu priorisieren sowie zu kommunizieren und zu dokumentieren

Was?

Typischerweise ist der Backlog ein Element in einem Task Board, also einer Tafel, auf der der Prozess, mit dem Aufgaben bearbeitet werden, visualisiert ist.

Manchmal starten Teams oder Organisationen aber auch „nur" mit einer Liste der Aufgaben oder Anforderungen, also nur dem Backlog. Oft zeigt sich schnell, dass erst das Task Board dem Anspruch an Transparenz gerecht werden kann.

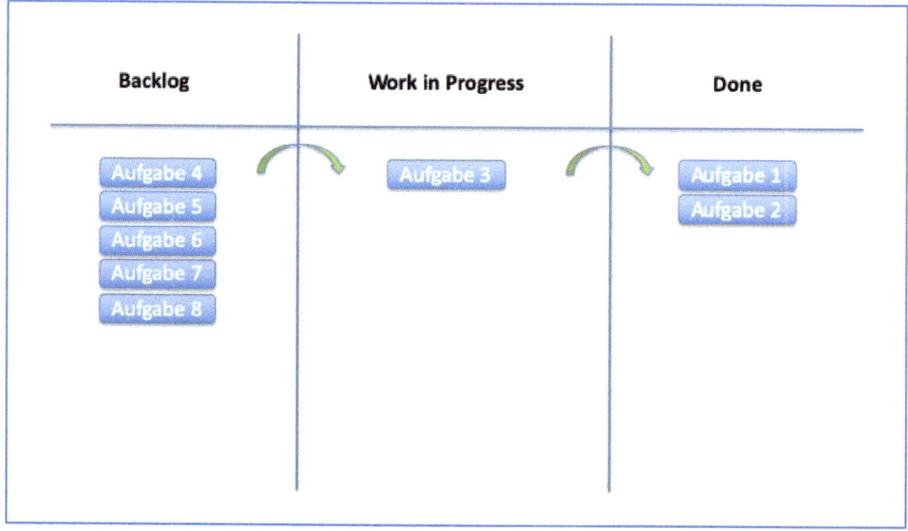

Abbildung 6: Task Board

Im einfachsten Fall gibt es im Task Board nur die Schritte *Backlog*, *Work in Progress* und *Done* (siehe Abbildung 6).

Jedoch kann in einem solche Board auch der gesamte Prozess der Aufgabenbearbeitung abgebildet werden. Daraus ergibt sich gleichzeitig, dass es kein Standard-Board geben kann, da es jeweils den in dem Team verwendeten Ablauf abbildet.

Wie – und wie nicht?

Die Elemente im Backlog sind immer „**ge-ranked**", d.h. sie haben eine Prioritätenreihenfolge. Anders als in klassischen Modellen ist es hier nicht möglich, dass „90% sind Priorität 1, der Rest ist Prio 1* - also noch wichtiger".

Die Rolle, die für den Inhalt des Backlog verantwortlich ist, ist auch verantwortlich dafür, dass die Elemente richtig „ge-ranked" sind. Offensichtlich ist die Beurteilung von „richtig" in diesem Kontext nicht einfach. Je nach Anwendungsfall können hier unterschiedliche Kriterien zur Anwendung kommen, z.B. Kundennutzen, Risiko, Aufwand, ... und jede Kombination davon.

Es muss klar definiert sein, welche Rolle für den Inhalt des Backlogs **verantwortlich** ist. Mit dem Backlog wird gesteuert, woran eine Organisation oder ein Team arbeitet. Dies ist also eine sehr wichtige und sehr anspruchsvolle Rolle. In dieser muss sowohl mit dem Kunden bzw. dem Markt also auch mit dem Team kommuniziert und diskutiert werden, d.h. es braucht sehr breite Kompetenzen.

Es können die unterschiedlichsten **Elemente im Backlog** stehen. In SCRUM finden sich im Product Backlog z.B. Themenbereiche (sogenannte Epics) und Produktanforderugen (z.B. in Form von User Stories oder Requirements) und im Sprint Backlog Tasks / Aufgaben.

Je nach Anwendungsgebiet können hier alle Elemente stehen, die bearbeitet werden müssen, also auch **abstrakte Elemente** wie Strategische Themenfelder oder Produktideen. Am häufigsten wird man jedoch Aufgaben oder Tasks im Backlog finden.

Wenn Backlogs für Organisationen eingesetzt werden, die größer als ein Team sind, gibt es meist auch eine **Hierarchie** von Backlogs. Ein einfaches Beispiel ist in Abbildung 7 dargestellt.

Das Konzept der Backlogs ist nicht dafür geeignet, mehr **Druck** auf Teams auszuüben – auch wenn das am Anfang immer wieder versucht wird. Die Ursache hierfür ist die Transparenz: anders als in klassischen Projektplänen oder Excel-Aufgabenlisten sieht man hier sofort, wenn Themen oder Aufgaben über lange Zeit nicht bearbeitet oder nicht fertig werden, ...

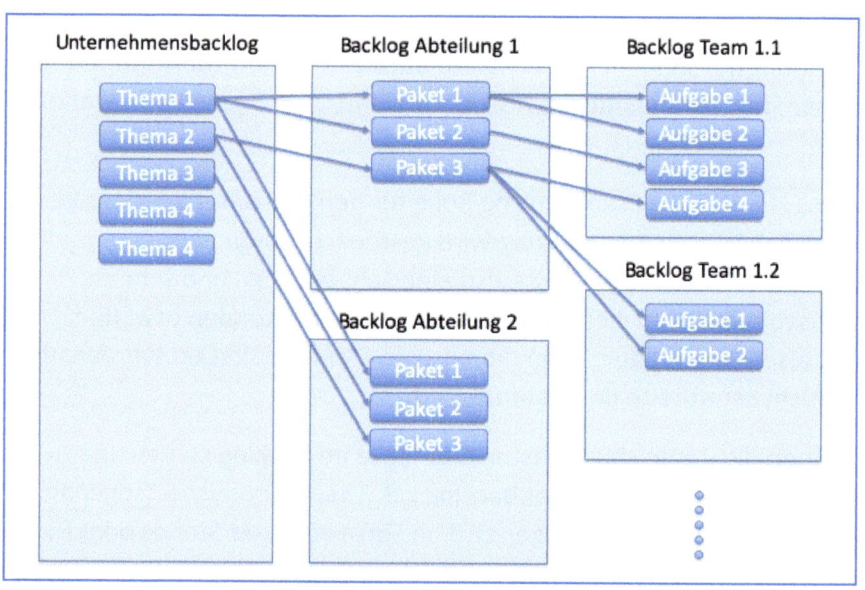

Abbildung 7: Eine Hierarchie von Backlogs

Ein großer Vorteil des Rankings im Backlog ist dabei, dass es sichtbar wird, dass das Zufügen von Aufgaben oder Themen dazu führt, dass andere „nach hinten rutschen". Ein „das geht schon auch noch irgendwie" ist nicht (so leicht) durchzusetzen.

Die besten Ausreden

„Ranking geht bei uns nicht."

Eine radikale Priorisierung geht immer. Es braucht allerdings großes Wissen über die Kunden und den Mut, Entscheidungen zu treffen. Die Alternative ist, dass das ausführende Team die Entscheidung trifft. Dann hat der Verantwortliche ggf. zwar einen Schuldigen, aber nicht das Ergebnis, das für den Kunden gebraucht wird.

„Immer nur an einer Sache arbeiten geht nicht"

Die Konzepte „Work in Progress"-Limit (WIP-Limit), also die Beschränkung der gleichzeitig bearbeiteten Aufgaben oder „Start stopping – stop starting" sind zwar nicht direkt mit dem Backlog verbunden, ergeben sich aber ganz natürlich.

In jedem Fall ist es sinnvoll, nicht an zu vielen Themen gleichzeitig zu arbeiten, da jeder Kontextwechsel zu enormer Ineffizienz führt. Das bedeutet ja nicht, dass das Limit „1" ist – die Zahl der gleichzeitig aktiven Themen soll nur sinnvoll begrenzt werden – und das geht immer.

Daily Standup Meeting

Wozu?

Das Daily Standup Meeting (kurz auch: Daily Standup oder Daily) ist hervorragend geeignet, um die Kommunikation, Abstimmung und gegenseitige Unterstützung innerhalb eines Teams zu fördern.

Was?

Das gesamte Team trifft sich täglich zu einer festgelegten Zeit.

Jedes Teammitglied beantwortet die folgenden 3 Fragen

- Was hast Du gestern gemacht?
- Was wirst Du heute machen?
- Gibt es ein Problem, das Du nicht allein lösen kannst?

Damit sind immer alle Teammitglieder informiert, was gerade im Team passiert – eine Grundvoraussetzung für Motivation und auch für gegenseitige Unterstützung.

Wie – und wie nicht?

Es ist wichtig, dass **alle Teammitglieder** an jedem Daily Standup Meeting teilnehmen – Urlaub und Krankheit natürlich ausgenommen.

Es hat sich bewährt, das Meeting am **Task-Board** durchzuführen – wenn es dies gibt. Damit ist es für alle leichter, den Bezug zur eigenen Arbeit herzustellen und zu sehen, ob und wie alles zusammenpasst.

Wenn Teams nicht Vollzeit zusammen an einem Thema oder einem Projekt arbeiten, kann es sinnvoll sein, die Häufigkeit der „Daily" Standup Meetings zu **skalieren**. Wenn z.B. alle im Team nur 40% in diesem Projekt arbeiten und sonst andere Aufgaben in einem anderen Team haben, sollte das Standup Meeting 2-mal pro Woche stattfinden.

Das Daily Standup Meeting ist weder ein *Controlling*-Instrument noch ein *Reporting*-Meeting. Daher ist die Anwesenheit jedweder Hierarchie (z.B. Manager oder Projektmanager) sehr hinderlich. Der Fokus in diesem Meeting ist nur auf Austausch und Zusammenarbeit gerichtet. Wenn der Eindruck entsteht, dass es um Kontrolle geht, ist die notwendige Offenheit und Transparenz nicht mehr gegeben.

Die *Lösung* von Problemen ist nicht Teil des Meetings – wenn bei der dritten Frage („Gibt es ein Problem, das Du nicht allein lösen kannst?") Themen identifiziert werden, wird in diesem Meeting nur festgelegt, wer sich wann darum kümmert.

Bei **verteilten Teams**, also Teams, die nicht an einem Standort sitzen und sich daher auch nicht täglich in einem Raum treffen können, kann das Daily Standup Meeting auch per Telefon- oder Video-Konferenz durchgeführt werden. Wenn das Meeting am Task Board durchgeführt wird, kann entweder eine Kamera auf das physische Board oder ein digitales Task-Board-Tool verwendet werden.

Die besten Ausreden

„Mein Team will das nicht mehr"

Wenn das Team die Daily Standup Meetings nicht (mehr) will, hat es meistens einen der folgenden beiden Gründe:

- Das Meeting wird (auch) für Controlling verwendet
- Es werden Probleme und mögliche Lösungen diskutiert

Es gibt auch Situationen, in denen Teams das Daily Standup aus gutem Grund abgeschafft haben. Ein Beispiel ist ein Team, das auf 4 Mitglieder geschrumpft ist, die in einem Raum eng bei einander sitzen. Durch die Nähe bekommt immer jeder mit, was die Anderen gerade tun oder worüber sie sprechen. Das Daily Standup Meeting hat dann keinen Mehrwert mehr erzeugt.

„Es kostet zu viel Zeit"

Ein gutes, also ein nach den Regeln durchgeführtes Standup Meeting dauert weniger als 15 Minuten. Wenn Teammitglieder sagen, dass es zu viel Zeit kostet, ist der häufigste Grund, dass die Grundregel „keine Problemlösung in diesem Meeting" verletzt wird und die Meetings viel länger dauern. Ein tägliches Team-Meeting von 60 Minuten ist definitiv zu lang.

Ein anderer Grund kann sein, dass das Daily Standup Meeting zusätzlich zu allen anderen Meetings eingeführt wird – und bei den ohnehin schon überfüllten Kalendern ist jedes zusätzliche Meeting zu viel. Das bedeutet, dass mit der Einführung auch geprüft werden muss, welche Meetings nicht mehr notwendig sind!

Retrospektive

Wozu?

Wie das „Daily", kennen auch die Retrospektive die meisten aus dem SCRUM-Kontext, denn dort ist es nach jeder Iteration Pflicht.

In der Retrospektive hat das Team die Möglichkeit, über die Zusammenarbeit, Kommunikation, den Einsatz von Methoden und Tools, usw. zu reflektieren. D.h., alle Themen, die sich mit dem „Wie" des Arbeitens im Team beschäftigen, werden reflektiert und ggf. verbessert.

Was?

Als ein Teil der kontinuierlichen Verbesserung fokussiert die Retrospektive auf das „Wie". Die meisten kennen vermutlich den Begriff „Lessons Learned", welches einen ähnlichen Anspruch hat. Der entscheidende Unterschied ist, dass „Lessons Learned"-Meetings normalerweise am Ende eines Projekts durchgeführt wurden, um daraus für die folgenden Projekte zu lernen.

In der Retrospektive ist der Fokus auf Verbesserung im laufenden Projekt für das aktuell zusammenarbeitende Team. Das hat viele Auswirkungen:

- Das Team kann und muss die vorgeschlagenen Verbesserungen gleich selbst umsetzen.
- Damit ist klar: Der Fokus ist auf das, was das Team selbst beeinflussen kann.
- Die Umsetzung und Reflexion bei nächster Gelegenheit führen dazu, dass die Motivation, sich konstruktiv einzubringen, wesentlich höher ist – da jeder auch direkt davon profitieren kann.
- Durch die Häufigkeit der Retrospektiven können auch in der Zusammenarbeit neue Dinge ausprobiert werden – im Sinne des experimentellen Mindset. Wenn etwas nicht die gewünschte Wirkung hat, kann es ja bei der nächsten Retrospektive wieder geändert werden.

Wie – und wie nicht?

Eine Retrospektive findet immer im **Team**, also typischerweise mit 5 – 7 Teilnehmern statt. Die folgende **Struktur** hat sich bewährt:

1. Kontaktphase
   Alle Teilnehmer kommen an, gehen miteinander in Kontakt und stimmen sich auf die Retrospektive ein, also auf den Wechsel aus dem Arbeits- in den Reflexions-Modus
2. Daten sammeln und Priorisieren
   Ereignisse und Erlebnisse aus der letzten Phase werden gesammelt
3. Analyse
   Für alle oder mindestens für die wichtigsten Ereignisse der letzten Phase werden die Ursachen analysiert
4. Lösungsvorschläge
   Für die wichtigsten Ursachen: was sind mögliche Veränderungen, um eine Verbesserung zu erreichen
5. Auswahl
   Welche maximal 2 Veränderungen sollen realisiert werden
6. Abschluss und Feedback

Wenn eine Retrospektive für eine größere Einheit, z.B. eine **Abteilung** oder ein **Projektteam** durchgeführt werde soll, kann im Prinzip die gleiche Struktur verwendet werden, allerdings müssen die Schritte 2, 3 und 4 in Kleingruppen durchgeführt werden. Das bedeutet, dass eine Entscheidung über die Zusammensetzung der Gruppen getroffen werden muss und die Ergebnisse aus den Gruppenarbeiten zusammengeführt werden müssen. Dafür muss zusätzliche Zeit eingeplant werden.

Es ist sinnvoll, die Retrospektive zu moderieren. Der **Moderator** sollte kein Team-Mitglied sein, damit sich die Mitglieder des Teams alle beteiligen können. Das ist auch die wichtigste Aufgabe des Moderators: dafür zu sorgen, dass sich alle einbringen können und dies auch tun. Sehr reife Teams verzichten irgendwann auf einen Moderator – aber auch dann sollte man sich der Risiken bewusst sein!

Um **Langeweile** zu vermeiden, sollten sowohl die Themenschwerpunkte der Reflexion als auch die Methoden variiert werden. Anregungen für Methoden finden sich in der Literatur (siehe z.B. //6//) oder im kostenlosen Online-Tool „Retromat" (siehe //7//)

In der Retrospektive muss unbedingt vermieden werden, dass **unrealistische** Maßnahmen beschlossen werden – wenn sie nicht umgesetzt werden, was zu erwarten ist, führt das zu Unzufriedenheit mit der Methode.

Außerdem ist der **Fokus** immer auf das **Team** und was vom Team selbst beeinflusst werden kann. Beschwerden über das Umfeld, das Management, ... sind nicht hilfreich. Hier ist auch der Moderator gefordert, den Fokus immer wieder zurück auf das Team zu lenken.

Die besten Ausreden

„Wir haben keine Zeit, uns dauernd mit uns selbst zu beschäftigen"

Eine beliebte Ausrede – daher ist es wichtig, einen festen Zeitpunkt und Rahmen für die Retrospektive zu definieren. Eine Retrospektive kann z.B. alle 14 Tage durchgeführt werden und sollte dann ca. 60 Minuten dauern.

Diese Investition in Zeit wird ganz schnell als lohnend empfunden, wenn tatsächlich kleine Veränderungen erarbeitet werden, die sofort im Alltag wirken und damit für das Team kurzfristig einen Nutzen generieren.

„Es gibt gerade nichts"

Wahrscheinlich hat niemand ein Team erlebt, dass so perfekt zusammengearbeitet hat, dass es absolut nichts mehr zu verbessern gibt. Natürlich gibt es manchmal größere Hindernisse und manchmal sind es nur kleine Veränderungen, die initiiert werden – aber alle führen zu besserer Zusammenarbeit und damit zu mehr Effektivität und Zufriedenheit.

Delegation - Agile

Wozu?

Wenn eine Organisation agiler wird, ergibt es sich von selbst, dass Verantwortung in selbstorganisierende Teams delegiert wird. In diesem Fall müssen die Teams sich einigen, wie Entscheidungen getroffen werden sollen.

Was?

Eine häufig veröffentlichte und eingesetzte Methode ist Delegation Poker (siehe //8//).

Ein Ansatz, der besser geeignet ist, wenn es keinen klassischen Manager mehr gibt, der in den Entscheidungsprozessen beteiligt ist, wird „Delegation – Agile" (siehe //9//) genannt und unterstützt die Verhandlung über Entscheidungswege.

Wie – und wie nicht?

Bei „Delegation – Agile" bekommt jedes Team-Mitglied einen Satz von 5 **Spielkarten** (siehe Abbildung 8). Zu jedem Themengebiet, in dem das Team entscheiden muss, wählt jedes Teammitglied die passende Karte aus. Dann werden **gleichzeitig** alle Karten aufgedeckt. Wenn es unterschiedliche Sichtweisen gibt, wird verhandelt, bis eine Einigung erzielt wird.

Die Bedeutung der verschiedenen Karten ist:

(1) Consensus – Alle Teammitglieder stimmen der Entscheidung zu
(2) Consent – Kein Teammitglied hat Bedenken, die zur Ablehnung der Entscheidung führen
(3) Consultation – Ein Teammitglied entscheidet, jedoch muss jedes Teammitglied vor der Entscheidung gehört werden
(4) Information – Ein Teammitglied entscheidet, nach der Entscheidung werden alle informiert
(5) Transfer – Ein Teammitglied entscheidet

Abbildung 8: Delegation - Agile

Wichtig ist, die Methode für Themen- oder Verantwortungsbereiche einzusetzen – **nicht für Einzelentscheidungen**! Es ist eine Methode, Entscheidungsverantwortung im Team zu verhandeln, keine Entscheidungsmethode im klassischen Sinne.

Die besten Ausreden

„Für Entscheidungen ist der Manager verantwortlich – dafür wird er schließlich bezahlt"

Hinter dieser Aussage verbirgt sich eine ganze Anzahl spannende Fragestellungen:

- Es gibt einen Unterschied zwischen Verantwortung und Durchführung! Auch wenn ein „Manager" für etwas verantwortlich ist, heißt das ja nicht, dass er auch ausführt.
- Wie kann ich (als Manager) Verantwortung übernehmen, wenn ich so weitgehend delegiere?
  Die einfache Antwort – und wahrscheinlich sogar unzulässig vereinfachende Antwort – ist: Vertrauen haben. Dazu gehören jedoch beide Seiten und Erfahrung miteinander und das angemessene Maß an Kontrolle.

Aufwandschätzen I: Planning Poker

Wozu?

Es gibt wissenschaftliche Abhandlungen über Aufwandsschätzungen, es gibt mathematische Methoden – aber am Ende machen wir immer eine Aussage über die Zukunft. Und die damit verbundenen Unsicherheiten lassen sich nicht mathematisch berechnen.

Daher haben sich Methoden etabliert, die mit wenig Aufwand und schnell Ergebnisse liefern, die unter diesen Randbedingungen ausreichend gute Ergebnisse liefern.

Was?

Planning Poker bringt eine spielerische Komponente in den Schätzprozess. Die Methode nutzt die Intelligenz der Gruppe und gleichzeitig verhindert sie, richtig moderiert, ausufernde Diskussionen. Im Gegensatz, die Diskussion in der Gruppe wird auf die Aspekte fokussiert, die für die Aufwandsschätzung relevant sind.

Dadurch ist es möglich, eine große Menge von Elementen in sehr kurzer Zeit zu schätzen, z.B. 15 Elemente in einer Stunde.

Wie – und wie nicht?

Das **Team**, das auch für die Durchführung der Tätigkeiten verantwortlich sein wird, führt die Schätzungen mit Planning Poker durch. Die Methode kann für Kundenanforderungen (z.B. in Form von User Stories), Aufgaben, Arbeitspakete in klassischen Projekten, Tasks im Sprint Backlog durchgeführt werden.

Für Planning Poker braucht man ein **Kartenset**, dass für jeden Teilnehmer an der Schätzung einen Satz Karten beinhaltet. Diese haben Zahlenwerte, die typischerweise aus der Fibonacci-Reihe abgeleitet sind, also z.B. 1, 2, 3,

5, 8, 13, 20, 40. Zusätzlich hat jeder eine Karte mit „unendlich" sowie ein „Fragezeichen" (siehe Abbildung 9).

Abbildung 9: Kartenset Planning Poker

Die Zahlenkarten werden für die Angabe des erwarteten Aufwands verwendet und können sowohl für **absolute** Schätzungen (Stunden, Tage, Wochen, Monate, ...) als auch für **relative** Schätzungen („5" ist größer als „3", „40" ist doppelt so groß wie „20") verwendet werden.

„Unendlich" bedeutet, dass das Element zu groß ist, um geschätzt zu werden und noch geteilt werden muss. „Fragezeichen" bedeutet, dass nicht genug Informationen vorliegen, um dies zu schätzen.

Für jedes zu schätzende Element (ab hier: Aufgabe) wird der folgende **Prozess** durchlaufen:

1. Kurzvorstellung der Aufgabe durch den Verantwortlichen (z.B. Product Owner)
2. Jeder wählt verdeckt die passende Karte
3. Alle Karten werden gleichzeitig aufgedeckt
4. Der Teilnehmer mit dem höchsten sowie der mit dem niedrigsten Wert werden gefragt, welche Annahmen ihrer Schätzung zu Grunde liegen. Der Verantwortliche klärt die genannten Annahmen für alle.
5. Schritte 2 – 4 werden wiederholt, bis die Spanne zwischen dem größten und dem kleinsten Wert ca. 3 ist
6. Dann wird der Schätzwert festgelegt

Typischerweise ist die Spanne bei der ersten Runde ca. 16. Nach **3 Runden** ist eine Spanne erreicht, die klein genug ist. Für Schritt 6 ist es wichtig, dass das Verfahren, nach dem der Schätzwert bestimmt wird, vor dem Start der Schätzungen definiert ist. Es kann z.B. der kleinste, der größte oder der Mittelwert sein. Wichtig ist, dies nicht am Ende zu diskutieren!

Vermeiden muss das Team **ausufernde Diskussionen** vor oder zwischen den Schätzungen. Nach einer kurzen Vorstellung vorab wird geschätzt und zwischen den Schätzrunden werden nur die Annahmen geklärt!

Außerdem werden die Schätzungen der Einzelnen **niemals bewertet**. Eine Aussage wie *„wie kommst Du denn auf die Idee, dass es so viel Aufwand sein soll!"* wird die Schätzqualität sehr schnell zerstören, da niemand mehr große Zahlen zeigen wird. Jede Schätzung ist gleich viel wert und die „Ausreißer" helfen, Annahmen zu klären.

Die besten Ausreden

„Aber wir wissen nicht genug"

Es stimmt, dass natürlich nicht alle Team-Mitglieder gleich viel wissen. Aber gerade dies führt dazu, dass die Annahmen geklärt werden. Wenn immer nur die Experten schätzen, führt das zu Betriebsblindheit.

„Der erfahrenste Experte kann das viel besser!"

Wahrscheinlich stimmt diese Aussage meistens nicht – und auch wenn sie richtig wäre: es zeigt sich, dass die Motivation und das Commitment wesentlich höher sind, wenn das Team selbst schätzt.

„Wenn das Team selbst schätzt, bauen sie doch nur Puffer ein!"

Wenn Teams Puffer in ihre Schätzungen einbauen, liegt das nicht an der Schätzmethode, sondern daran, wie mit Abweichungen von den Schätzwerten umgegangen wird.

Wenn sie als das genommen werden, was sie sind – nämlich Schätzungen mit allen ihren Unsicherheiten – und damit Abweichungen normal sind, gibt es auch keine Notwendigkeit Puffer einzuplanen.

Wenn jedoch jede Überschreitung bestraft wird (und sei es nur durch Rechtfertigungszwang) und eine Unterschreitung belohnt wird, so ist dies geradezu eine Aufforderung Puffer einzuplanen.

Aufwand schätzen II: Magic Estimation

Wozu?

Nachdem Planning Poker gut etabliert war, sind Teams zu der Erkenntnis gekommen, dass es möglich ist, den Prozess noch wesentlich weiter zu beschleunigen.

Dabei wird die Menge der notwendigen Diskussionen, also der Abgleich der Annahmen, noch weiter reduziert.

Was?

In Magic Estimation schätzt, wie bei Planning Poker, das Team. Allerdings werden alle Aufgaben gleichzeitig geschätzt, und nur die, bei denen es deutlich unterschiedliche Auffassungen gibt, überhaupt besprochen.

Wie – und wie nicht?

Am Anfang der Schätzsitzung werden die zu schätzenden Aufgaben von dem Verantwortlichen kurz **beschrieben**. Außerdem wird eine **Wand** vorbereitet: Es werden Spalten oder Felder markiert, die die gleichen Werte bekommen, wie die Karten im Planning Poker (siehe Abbildung 10).

0. Alle zu schätzenden Aufgaben werden gleichmäßig an die Teammitglieder verteilt. Dabei spielt es keine Rolle, wer welche Aufgabe bekommt.
1. Jeder Teilnehmer platziert alle seine Aufgaben in dem Feld, das er schätzt. Wenn alle Karten mit Aufgaben hängen, folgt der nächste Schritt.
2. Jeder der Teilnehmer hat jetzt die Möglichkeit, die Aufgaben-Karten zu verschieben, die nach der eigenen Sichtweise an der falschen Stelle hängen.
    Diese Phase dauert so lange bis für jede Karte eine der folgenden Situationen eintritt:
    I. Die Karte wird nicht bewegt.

II.   Die Karte ist einmal (oder mehrmals) bewegt worden, bleibt jetzt aber stabil.

III.   Die Karte wird immer zwischen 2 (oder mehr) Werten hin und her bewegt.

3. In den Fällen I und II ist der Schätzwert für die Aufgabe gefunden. In Fall III werden die jeweiligen Annahmen besprochen und geklärt, so dass dann eine Zuordnung zu einem Wert möglich wird.

Abbildung 10: Wand für Magic Estimation

Es zeigt sich, dass diese Methode wesentlich schneller ist, da nur ein Bruchteil der Aufgaben überhaupt besprochen werden muss – die Qualität der Schätzungen leidet dabei nicht.

Die besten Ausreden

„Aber dann wird ja gar nicht über alle Aufgaben gesprochen"

Genau – das ist der Kern der Methode. Und die Erfahrung zeigt, dass die Qualität der Abschätzungen gut genug ist!

Persona
Wozu?

In klassischen Projekten werden Anforderungen in Spezifikationen beschrieben. Die Herausforderung ist, dass diese typischerweise sehr technik-getrieben und zudem wenig anschaulich sind.

Persona ist eine Möglichkeit, Anforderungen greifbarer und damit für die Kunden und Nutzer verständlich darzustellen.

Was?

Eine Persona ist eine fiktive Person, die für eine Gruppe von Nutzern oder Nutzer einer bestimmten Funktion oder Rolle steht. Durch die Personifizierung werden die damit verbundenen Anforderungen greifbar. Die Persona kann auch zum Test von Prototypen genutzt werden.

Wie – und wie nicht?

Zunächst werden **Anforderungen**, die z.B. durch Interviews oder Beobachtung von Nutzern ermittelt worden sind, zusammengefasst, konsolidiert und generalisiert. Aus diesen Erkenntnissen werden dann die wichtigsten Rollen, Funktionen oder Nutzergruppen identifiziert und als Persona beschrieben.

Eine Persona ist dabei zwar eine **fiktive Person**, hat aber Charakteristika und Attribute, wie sie bei „echten" Nutzern beobachtet worden sind.

Typische **Elemente**, die eine Persona beschreiben sind die demografischen Daten wie Alter, Geschlecht und Familiensituation. Dazu kommen die Anforderungen, Wünsche oder Herausforderungen dieser Gruppe bzw. Persona. Außerdem werden typische Verhaltensweisen beschrieben und abschließend ein Name, eine Funktion und ein Bild damit verknüpft, um die Persona erlebbar zu machen (siehe Abbildung 11).

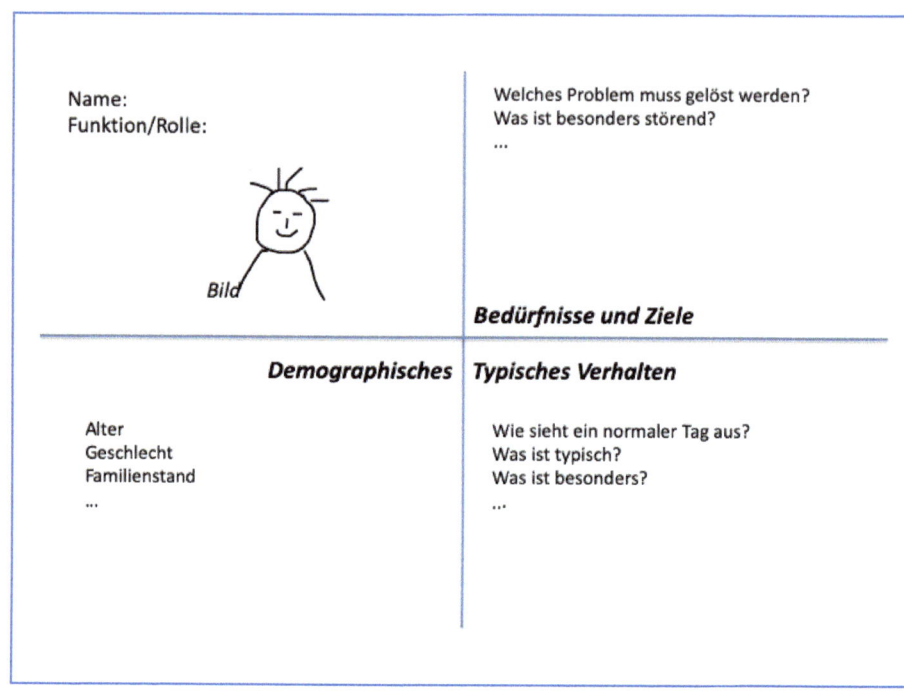

Abbildung 11: Persona: ein mögliches Format

Natürlich soll die Persona kein direktes **Abbild** einer einzelnen Person sein, aber sehr häufig wird man bestimmte Attribute real existierender Personen wiedererkennen.

Für ein Projekt sollte es nicht **zu viele Personas** geben, sonst besteht die Gefahr, dass es zu wenig Generalisierung gibt – d.h. die Anforderungen sich zu sehr an einer konkreten Person orientieren.

Im **Review** der Projektergebnisse kann eine echte Person, ggf. auch aus dem Team, gebeten werden, sich in die Persona hinein zu versetzen und das Ergebnis aus dieser Brille zu betrachten und zu bewerten. Das ändert typischerweise die Perspektive und führt zu verbesserter Qualität im Review.

Die besten Ausreden

„Das ist doch total künstlich"

Das Erfinden einer Persona ist natürlich ein kreativer und damit künstlicher Prozess. Es ist auch nicht ganz einfach, auf der einen Seite nicht zu nah an einer realen Person zu bleiben und gleichzeitig reale Anforderungen abzubilden.

Allerdings ist es wesentlich weniger abstrakt und künstlich als die Beschreibung in einer Spezifikation.

User Stories

Wozu?

Anforderungen an interaktive Produkte, Systeme oder Dienstleistungen sollen in Form von Interaktionen aus der Nutzersicht beschrieben werden. Dieses Format erleichtert es, ein gemeinsames Verständnis zwischen Kunde und Entwickler zu erreichen.

Was?

Die User Story hat ein vorgegebenes Format, das dazu zwingt, sich in die Nutzerperspektive hineinzuversetzen und die Anforderungen aus dieser Sicht zu beschreiben.

Es wird definiert, was ein Nutzer mit dem System machen kann, um die Ziele zu erreichen.

Wie – und wie nicht?

Das **Format** einer User Story streng vorgegeben:

Als <Rolle>
kann ich <Interaktion mit dem System>
um <ein Ziel> zu erreichen.

Ein **Beispiel** aus einem Softwaresystem zur Steuerung von Anlagen könnte sein:

Als Bediener
kann ich die Anlage mit einem Sprachkommando stoppen
um im Notfall von jeder Position aus Notstopp der Anlage durchzuführen
zu können.

Die **Rolle** ist wichtig, um sicherzustellen, dass der Kontext geklärt ist. Die konkrete **Interaktion** wird beschrieben, um anschaulich zu machen, was ein Nutzer tatsächlich tun wird. Das **Ziel** muss benannt werden, da viele

Entscheidungen im späteren Prozess nur dann gut getroffen werden können, wenn der erwartete Nutzen klar und bekannt ist.

User Stories haben sich für **interaktive Systeme** sehr bewährt. Sie unterscheiden sich, trotz des ähnlichen Namens, deutlich von Use Cases, denn diese sind aus Systemsicht und mit Lösungsperspektive beschrieben.

Im Idealfall sind User Stories „**lösungsfrei**". Man kann natürlich lange darüber diskutieren, ob ein Sprachkommando bereits eine Lösung ist oder eine Anforderung. Diese Diskussion ist aber nicht notwendig, denn die Angabe des Ziels erlaubt, auch abweichende Lösungsideen zu testen, solange sie das gleiche Ziel unterstützen.

Es ist jedoch nicht sinnvoll, User Stories für alle **Arten von Anforderungen** an ein System zu verwenden, auch wenn man das vor einiger Zeit propagiert hat. So gibt es Anforderungen, die Voraussetzungen für die Realisierung von User Stories sind. Diese werden als System Stories oder Enabler bezeichnet und sind nicht an das Format der User Stories gebunden.

Weiterhin gibt es oft auch nicht-funktionale oder System-Anforderungen wie Reaktionszeiten (bei Softwaresystemen) oder Härte und Abrieb (bei Materialien), die auch weiterhin als klassische Anforderungen beschrieben werden sollten.

Moving Motivators

Wozu?

Gerade in selbst-organisierenden Teams ist es wichtig, dass sich die Mitarbeiter über die Motivation und den Antrieb jedes Einzelnen austauschen, denn nur dann kann das Team dies in der Zusammenarbeit auch berücksichtigen.

Was?

In dieser Übung bzw. Methode (aus //8//) werden Motivation und persönlicher Antrieb durch einen spielerischen Ansatz im Team besprechbar gemacht.

Wie – und wie nicht?

Jedes Teammitglied bekommt einen Kartensatz mit den 10 wichtigsten Motivatoren oder Antreibern (siehe Abbildung 12). Im ersten Schritt sortiert jeder die 10 Karten nach der derzeitigen Bedeutung für sich selbst. Die wichtigste Karte liegt dabei oben.

Im Schritt 2 legt jeder seinen Stapel offen auf den Tisch, so dass die oberste und nur die oberste Karte sichtbar ist. Damit wir eine Diskussion möglich, was dies Unterschiedlichkeit für das Team und für die Zusammenarbeit bedeutet.

Im letzten Schritt können dann alle Reihen nebeneinander aufgedeckt werden, um evtl vorhandene Muster sichtbar zu machen. Dabei kann sich z.B. zeigen, dass bestimmte Motivatoren für das gesamte Team nur eine untergeordnete Rolle spielen (oder umgekehrt: für alle wichtig sind). Außerdem werden „Ausreißer" transparent gemacht, wenn z.B. jemand einen Motivator oben stehen hat, der bei allen anderen weit unten in der Liste steht.

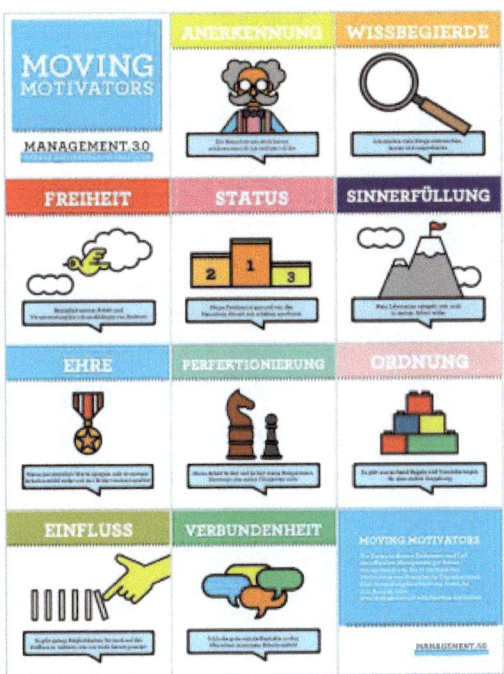

Abbildung 12: Moving Motivators

Ein wichtiger Aspekt zeigt sich bereits im Titel. Die gewählte Reihenfolge ist eine Momentaufnahme. Wenn die gleiche Übung einige Zeit später nochmal durchführt wird, kann das Ergebnis anders aussehen.

Außerdem gibt es natürlich kein Richtig und kein Falsch und auch keine guten oder schlechten Motivatoren.

Die besten Ausreden

„Die Begriffe sind nicht eindeutig!"

Das stimmt! Und trotzdem oder gerade deswegen eröffnen sie eine Möglichkeit, diese Themen zu besprechen.

„Das ist doch nicht wissenschaftlich bewiesen"

Auch das ist richtig, aber für eine wissenschaftlich bestätigte Analyse braucht es mehr Zeit, viel Geld – und der Nutzen für die Zusammenarbeit ist auch nicht größer. Denn das Ziel ist, einen Ansatzpunkt zu finden, um über das Thema „Motivation" und Zusammenarbeit im Team zu sprechen.

„Da fehlen ja Motivatoren"

Das wird immer wieder vorkommen, dass jemand einen anderen Begriff verwenden würde oder einen Aspekt gar nicht darin finden kann. In diesem Fall spricht auch nichts dagegen, eine eigene Karte zu erstellen und diese hinzuzufügen. Auch dies macht das Thema besprechbar.

Referenzen

(1)   https://agilemanifesto.org/
(2)   https://de.wikipedia.org/wiki/Schlanke_Produktion
(3)   https://de.wikipedia.org/wiki/Ralph_D._Stacey
(4)   https://de.wikipedia.org/wiki/Cynefin-Framework
(5)   B. Gloger: Scrum – Produkte zuverlässig und schnell entwickeln; C. Hanser Verlag, 2013
(6)   E. Derby, D. Larsen: Agile Retrospectives O'Reilly UK Ltd., 2006
(7)   https://retromat.org/de/
(8)   https://management30.com/
(9)   https://www.malinowski-coaching.de/